TRANSLATED

Translated Language Learning

La Sirenita

The Little Mermaid

Hans Christian Andersen

Español / English

Copyright © 2023 Tranzlaty
All rights reserved.
Published by Tranzlaty
ISBN: 978-1-83566-281-6
Original text by Hans Christian Andersen
Den Lille Havfrue
First published in Danish in 1837
www.tranzlaty.com

La Sirenita
The Little Mermaid

Lejos en el océano, donde el agua es azul
Far out in the ocean, where the water is blue
Aquí el agua es tan azul como el aciano más bonito
here the water is as blue as the prettiest cornflower
y el agua es tan clara como el cristal más puro
and the water is as clear as the purest crystal
Esta agua, muy lejos en el océano, es muy, muy profunda
this water, far out in the ocean is very, very deep
agua tan profunda, de hecho, que ningún cable podía llegar al fondo
water so deep, indeed, that no cable could reach the bottom
Podrías apilar muchos campanarios de iglesia unos sobre otros
you could pile many church steeples upon each other
pero no llegarían a la superficie del agua
but they would not reach the surface of the water
Allí habitan el Rey del Mar y sus súbditos
There dwell the Sea King and his subjects
Podrías pensar que es solo arena amarilla desnuda en el fondo
you might think it is just bare yellow sand at the bottom
Pero no debemos imaginar que no hay nada allí
but we must not imagine that there is nothing there
En esta arena crecen las flores y plantas más extrañas
on this sand grow the strangest flowers and plants
Y no te imaginas lo flexibles que son las hojas y los tallos
and you can't imagine how pliant the leaves and stems are
La más mínima agitación del agua hace que se agiten
the slightest agitation of the water causes them to stir
Es como si cada hoja tuviera vida propia
it is as if each leaf had a life of their own
Los peces, tanto grandes como pequeños, se deslizan entre las ramas

Fishes, both large and small, glide between the branches
Al igual que cuando los pájaros vuelan entre los árboles aquí sobre la tierra
just like when birds fly among the trees here upon land

En el lugar más profundo de todos se encuentra un hermoso castillo
In the deepest spot of all stands a beautiful castle
este hermoso castillo es el castillo del Rey del Mar
this beautiful castle is the castle of the Sea King
Las paredes del castillo están construidas de coral
the walls of the castle are built of coral
y las largas ventanas góticas son del más claro ámbar
and the long Gothic windows are of the clearest amber
El techo del castillo está formado por conchas marinas
The roof of the castle is formed of sea shells
y las conchas se abren y cierran a medida que el agua fluye sobre ellas
and the shells open and close as the water flows over them
Su apariencia es más hermosa de lo que se puede describir
Their appearance is more beautiful than can be described
Dentro de cada concha hay una perla resplandeciente
within each shell there lies a glittering pearl
y cada perla sería digna de la diadema de una reina
and each pearl would be fit for the diadem of a queen

El Rey del Mar había sido viudo durante muchos años
The Sea King had been a widower for many years
y su anciana madre le cuidaba de la casa
and his aged mother kept house for him
Era una mujer muy sensata
She was a very sensible woman
pero estaba sumamente orgullosa de su alta cuna
but she was exceedingly proud of her high birth
y por eso llevaba doce ostras en la cola
and on that account she wore twelve oysters on her tail

A otros de alto rango solo se les permitía usar seis ostras
others of high rank were only allowed to wear six oysters
Sin embargo, merecía grandes elogios
She was, however, deserving of very great praise
Había algo por lo que merecía elogios
there was something she especially deserved praise for
Cuidó mucho de las princesitas del mar
she took great care of the the little sea princesses
Tenía seis nietas a las que amaba
she had six granddaughters that she loved
Todas las princesas del mar eran hermosas niñas
all the sea princesses were beautiful children
Pero la princesa marina más joven era la más bonita de ellas
but the youngest sea princess was the prettiest of them
Su piel era tan clara y delicada como una hoja de rosa
Her skin was as clear and delicate as a rose leaf
y sus ojos eran azules como el mar más profundo
and her eyes were as blue as the deepest sea
pero, como todos los demás, no tenía pies
but, like all the others, she had no feet
y al final de su cuerpo había una cola de pez
and at the end of her body was a fish's tail

Durante todo el día tocaron en los grandes salones del castillo
All day long they played in the great halls of the castle
De los muros del castillo brotaron hermosas flores
out of the walls of the castle grew beautiful flowers
Y también le encantaba jugar entre las flores vivas
and she loved to play among the living flowers, too
Las grandes ventanas de ámbar estaban abiertas y los peces entraron nadando
The large amber windows were open, and the fish swam in
Es como cuando dejamos las ventanas abiertas
it is just like when we leave the windows open
y luego las bonitas golondrinas vuelan hacia nuestras casas

and then the pretty swallows fly into our houses
solo los peces nadaban hasta las princesas
only the fishes swam up to the princesses
Eran los únicos que comían de sus manos
they were the only ones that ate out of their hands
y se dejaron acariciar por ellos
and they allowed themselves to be stroked by them

Fuera del castillo había un hermoso jardín
Outside the castle there was a beautiful garden
En el jardín crecían flores de color rojo brillante y azul oscuro
in the garden grew bright-red and dark-blue flowers
y crecieron flores como llamas de fuego
and there grew blossoms like flames of fire
los frutos de las plantas brillaban como el oro
the fruit on the plants glittered like gold
y las hojas y los tallos se agitaban continuamente de un lado a otro
and the leaves and stems continually waved to and fro
La tierra en el suelo era la arena más fina
The earth on the ground was the finest sand
pero no tiene el color de la arena que conocemos
but it does not have the colour of the sand we know
Es tan azul como la llama del azufre ardiente
it is as blue as the flame of burning sulphur
Sobre todo se extendía un peculiar resplandor azul
Over everything lay a peculiar blue radiance
Es como si el cielo azul estuviera en todas partes
it is as if the blue sky were everywhere
el azul del cielo estaba arriba y abajo
the blue of the sky was above and below
Cuando el tiempo estaba en calma, se podía ver el sol
In calm weather the sun could be seen
Desde aquí, el sol parecía una flor de color púrpura rojizo
from here the sun looked like a reddish-purple flower

y la luz brotaba del cáliz de la flor
and the light streamed from the calyx of the flower

El jardín del palacio estaba dividido en varias partes
the palace garden was divided into several parts
Cada una de las princesas tenía su propia parcela de tierra
Each of the princesses had their own little plot of ground
En esta parcela podían plantar las flores que quisieran
on this plot they could plant whatever flowers they pleased
Una princesa arregló su macizo de flores en forma de ballena
one princess arranged her flower bed in the form of a whale
Una princesa arregló sus flores como una sirenita
one princess arranged her flowers like a little mermaid
y la niña más pequeña hizo su jardín redondo, como el sol
and the youngest child made her garden round, like the sun
y en su jardín crecían hermosas flores rojas
and in her garden grew beautiful red flowers
Estas flores eran tan rojas como los rayos del atardecer
these flowers were as red as the rays of the sunset

Era una niña extraña; tranquilo y pensativo
She was a strange child; quiet and thoughtful
Sus hermanas se deleitaban con las cosas maravillosas
her sisters showed delight at the wonderful things
las cosas que obtenían de los naufragios de los barcos
the things they obtained from the wrecks of vessels
pero a ella solo le importaban sus bonitas flores rojas
but she cared only for her pretty red flowers
aunque también había una hermosa estatua de mármol
although there was also a beautiful marble statue
Era la representación de un chico guapo
It was the representation of a handsome boy
Había sido tallado en piedra blanca pura
it had been carved out of pure white stone
y había caído al fondo del mar desde un naufragio
and it had fallen to the bottom of the sea from a wreck

esta estatua de mármol de un niño que a ella también le importaba
this marble statue of a boy she cared about too

Plantó, junto a la estatua, un sauce llorón de color rosa
She planted, by the statue, a rose-colored weeping willow
y pronto el sauce colgó sus frescas ramas sobre la estatua
and soon the willow hung its fresh branches over the statue
Las ramas casi llegaban hasta las arenas azules
the branches almost reached down to the blue sands
Las sombras del árbol tenían el color del violeta
The shadows of the tree had the color of violet
y las sombras se agitaban de un lado a otro como las ramas
and the shadows waved to and fro like the branches
Todo esto creó la ilusión más interesante
all of this created the most interesting illusion
como si la copa del árbol y las raíces estuvieran jugando
as if the crown of the tree and the roots were playing
Parecía como si estuvieran tratando de besarse
it looked as if they were trying to kiss each other

Su mayor placer era oír hablar del mundo de arriba
her greatest pleasure was hearing about the world above
el mundo sobre las profundidades marinas en el que vivía
the world above the deep sea she lived in
Hizo que su anciana abuela se lo contara todo
She made her old grandmother tell her all about it
los barcos y las ciudades, la gente y los animales
the ships and the towns, the people and the animals
allá arriba las flores de la tierra tenían fragancia
up there the flowers of the land had fragrance
las flores bajo el mar no tenían fragancia
the flowers below the sea had no fragrance
Allá arriba los árboles del bosque eran verdes
up there the trees of the forest were green
y los peces en los árboles podían cantar maravillosamente

and the fishes in the trees could sing beautifully
Allá arriba era un placer escuchar a los peces
up there it was a pleasure to listen to the fish
Su abuela llamaba a los pájaros peces
her grandmother called the birds fishes
de lo contrario, la sirenita no lo habría entendido
else the little mermaid would not have understood
porque la sirenita nunca había visto pájaros
because the little mermaid had never seen birds

Su abuela le habló de los ritos de las sirenas
her grandmother told her about the rites of mermaids
"Un día llegarás a los quince años"
"one day you will reach your fifteenth year"
"Entonces tendrás permiso para salir a la superficie"
"then you will have permission to go to the surface"
"Podrás sentarte en las rocas a la luz de la luna"
"you will be able to sit on the rocks in the moonlight"
"Y verás pasar las grandes naves"
"and you will see the great ships go sailing by"
"Entonces verás bosques, ciudades y gente"
"Then you will see forests and towns and the people"

Al año siguiente, una de las hermanas tendría quince años
the following year one of the sisters would be fifteen
pero cada hermana era un año menor que la otra
but each sister was a year younger than the other
La más joven tendría que esperar cinco años antes de su turno
the youngest would have to wait five years before her turn
Solo entonces podría levantarse del fondo del océano
only then could she rise up from the bottom of the ocean
Y solo entonces pudo ver la tierra como nosotros
and only then could she see the earth as we do
Sin embargo, cada una de las hermanas se hizo una promesa
However, each of the sisters made each other a promise

Iban a contarles a los demás lo que habían visto
they were going to tell the others what they had seen
Su abuela no podía decirles lo suficiente
Their grandmother could not tell them enough
Había tantas cosas que querían saber
there were so many things they wanted to know about

La hermana menor era la que más anhelaba su turno
the youngest sister longed for her turn the most
Pero tuvo que esperar más que todos los demás
but, she had to wait longer than all the others
Y ella estaba tan callada y pensativa sobre el mundo
and she was so quiet and thoughtful about the world
Había muchas noches en las que se quedaba junto a la ventana abierta
there were many nights where she stood by the open window
y miró hacia arriba a través del agua azul oscuro
and she looked up through the dark blue water
Y observaba a los peces mientras chapoteaban con sus aletas
and she watched the fish as they splashed with their fins
Podía ver la luna y las estrellas brillando débilmente
She could see the moon and stars shining faintly
pero desde las profundidades del agua estas cosas se ven diferentes
but from deep below the water these things look different
La luna y las estrellas parecían más grandes de lo que son a nuestros ojos
the moon and stars looked larger than they do to our eyes
A veces, pasaba algo como una nube negra
sometimes, something like a black cloud went past
Sabía que podía ser una ballena nadando sobre su cabeza
she knew that it could be a whale swimming over her head
o podría ser un barco, lleno de seres humanos
or it could be a ship, full of human beings
seres humanos que no podían imaginar lo que había debajo de ellos

human beings who couldn't imagine what was under them
una linda sirenita extendiendo sus blancas manos
a pretty little mermaid holding out her white hands
una linda sirenita que se acerca a su barco
a pretty little mermaid reaching towards their ship

Llegó el día en que la mayor cumplió quince años
the day came when the eldest had her fifteenth birthday
Ahora se le permitió subir a la superficie del océano
now she was allowed to rise to the surface of the ocean
y esa noche nadó hasta la superficie
and that night she swum up to the surface
Te puedes imaginar todas las cosas que vio allá arriba
you can imagine all the things she saw up there
Y te puedes imaginar todas las cosas de las que tenía que hablar
and you can imagine all the things she had to talk about
Pero lo mejor, dijo, era tumbarse en un banco de arena
But the finest thing, she said, was to lie on a sand bank
en el tranquilo mar iluminado por la luna, cerca de la orilla
in the quiet moonlit sea, near the shore
Desde allí había contemplado las luces de la tierra
from there she had gazed at the lights on the land
Eran las luces de la ciudad cercana
they were the lights of the near-by town
Las luces habían centelleado como centenares de estrellas
the lights had twinkled like hundreds of stars
Había escuchado los sonidos de la música de la ciudad
she had listened to the sounds of music from the town
Había oído el ruido de los carruajes tirados por sus caballos
she had heard noise of carriages drawn by their horses
y había oído las voces de los seres humanos
and she had heard the voices of human beings
y habían oído alegre repique de campanas
and the had heard merry pealing of the bells
las campanas que suenan en los campanarios de las iglesias

the bells ringing in the church steeples
pero no podía acercarse a todas estas cosas maravillosas
but she could not go near all these wonderful things
De modo que anhelaba aún más estas cosas maravillosas
so she longed for these wonderful things all the more

Te puedes imaginar con cuánta avidez escuchaba la hermana menor
you can imagine how eagerly the youngest sister listened
Las descripciones del mundo superior eran como un sueño
the descriptions of the upper world were like a dream
Después se paró junto a la ventana abierta de su habitación
afterwards she stood at the open window of her room
Y miró hacia la superficie, a través del agua azul oscuro
and she looked to the surface, through the dark-blue water
Pensó en la gran ciudad de la que le había hablado su hermana
she thought of the great city her sister had told her of
La gran ciudad con todo su bullicio y ruido
the great city with all its bustle and noise
Incluso creyó oír el sonido de las campanas
she even fancied she could hear the sound of the bells
Imaginó que su sonido llegaba a las profundidades del mar
she imagined their sound carried to the depths of the sea

Al cabo de un año, la segunda hermana cumplió años
after another year the second sister had her birthday
Ella también recibió permiso para salir a la superficie
she too received permission to rise to the surface
y desde allí podía nadar por donde quisiera
and from there she could swim about where she pleased
Había salido a la superficie justo cuando el sol se estaba poniendo
She had gone to the surface just as the sun was setting
Esto, dijo, era la vista más hermosa de todas
this, she said, was the most beautiful sight of all

Todo el cielo parecía un disco de oro puro
The whole sky looked like a disk of pure gold
y había nubes violetas y rosadas
and there were violet and rose-colored clouds
Eran demasiado hermosos para describirlos, dijo
they were too beautiful to describe, she said
Y dijo cómo las nubes flotaban por el cielo
and she said how the clouds drifted across the sky
y algo había pasado volando más rápido que las nubes
and something had flown by more swiftly than the clouds
Una gran bandada de cisnes salvajes voló hacia el sol poniente
a large flock of wild swans flew toward the setting sun
Los cisnes habían sido como un largo velo blanco sobre el mar
the swans had been like a long white veil across the sea
También había intentado nadar hacia el sol
She had also tried to swim towards the sun
pero a cierta distancia el sol se hundía entre las olas
but some distance away the sun sank into the waves
Vio cómo los tintes rosados se desvanecían de las nubes
she saw how the rosy tints faded from the clouds
y vio cómo el color también se había desvanecido del mar
and she saw how the colour had also faded from the sea

Al año siguiente fue el turno de la tercera hermana
the next year it was the third sister's turn
Esta hermana era la más audaz de todas las hermanas
this sister was the boldest of all the sisters
Nadó por un ancho río que desembocaba en el mar
she swam up a broad river that emptied into the sea
A orillas del río vio verdes colinas
On the banks of the river she saw green hills
Las verdes colinas estaban cubiertas de hermosas enredaderas
the green hills were covered with beautiful vines

y en las colinas había bosques de árboles
and on the hills there were forests of trees
y de los bosques asomaban palacios y castillos
and out of the forests palaces and castles poked out
Había oído el canto de los pájaros en los árboles
She had heard birds singing in the trees
y había sentido los rayos del sol en su piel
and she had felt the rays of the sun on her skin
Los rayos eran tan fuertes que tuvo que volver a sumergirse
the rays were so strong that she had to dive back
y refrescó su rostro ardiente en el agua fría
and she cooled her burning face in the cool water
En un arroyo estrecho encontró a un grupo de niños pequeños
In a narrow creek she found a group of little children
Eran los primeros niños humanos que había visto en su vida
they were the first human children she had ever seen
Ella también quería jugar con los niños
She wanted to play with the children too
pero los niños huyeron de ella con gran miedo
but the children fled from her in a great fright
Y entonces un animalito negro llegó al agua
and then a little black animal came to the water
Era un perro, pero ella no sabía que era un perro
it was a dog, but she did not know it was a dog
porque nunca antes había visto un perro
because she had never seen a dog before
y el perro ladró furioso a la sirena
and the dog barked at the mermaid furiously
Se asustó y corrió de regreso al mar abierto
she became frightened and rushed back to the open sea
Pero dijo que nunca debería olvidar el hermoso bosque
But she said she should never forget the beautiful forest
las verdes colinas y los niños bonitos
the green hills and the pretty children
Le pareció excepcionalmente gracioso cómo nadaban

she found it exceptionally funny how they swam
porque los niños humanos no tenían cola
because the little human children didn't have tails
así que con sus patitas patearon el agua
so with their little legs they kicked the water

La cuarta hermana era más tímida que la anterior
The fourth sister was more timid than the last
Había decidido quedarse en medio del mar
She had decided to stay in the midst of the sea
pero ella dijo que era tan hermoso allí como más cerca de la tierra
but she said it was as beautiful there as nearer the land
Desde la superficie podía ver muchos kilómetros a su alrededor
from the surface she could see many miles around her
El cielo sobre ella parecía una campana de cristal
the sky above her looked like a bell of glass
y había visto pasar las naves
and she had seen the ships sail by
pero estaban a una distancia muy grande de ella
but they were at a very great distance from her
y, con sus velas, parecían gaviotas
and, with their sails, they looked like sea gulls
Vio cómo jugaban los delfines en las olas
she saw how the dolphins played in the waves
y grandes ballenas arrojaban agua por sus narices
and great whales spouted water from their nostrils
como un centenar de fuentes jugando juntas
like a hundred fountains all playing together

El cumpleaños de la quinta hermana ocurrió en invierno
The fifth sister's birthday occurred in the winter
Así que vio cosas que los demás no habían visto
so she saw things that the others had not seen
En esta época del año el mar se veía verde

at this time of the year the sea looked green
Grandes icebergs flotaban en el agua verde
large icebergs were floating on the green water
Y cada iceberg parecía una perla, dijo
and each iceberg looked like a pearl, she said
pero eran más grandes y más elevadas que las iglesias
but they were larger and loftier than the churches
y eran de las formas más interesantes
and they were of the most interesting shapes
y cada iceberg brillaba como diamantes
and each iceberg glittered like diamonds
Se había sentado en uno de los icebergs
She had seated herself on one of the icebergs
y dejó que el viento jugara con su larga cabellera
and she let the wind play with her long hair
Se dio cuenta de que había algo interesante en las naves
She noticed something interesting about the ships
Todos los barcos pasaron por delante de los icebergs muy rápidamente
all the ships sailed past the icebergs very rapidly
Y se alejaron lo más lejos que pudieron
and they steered away as far as they could
Era como si le tuvieran miedo al iceberg
it was as if they were afraid of the iceberg
Se quedó en el mar hasta altas horas de la noche
she stayed out at sea into the evening
El sol se puso y nubes oscuras cubrieron el cielo
the sun went down and dark clouds covered the sky
El trueno rodó por el océano de icebergs
the thunder rolled across the ocean of icebergs
y los destellos de los relámpagos brillaban rojos sobre los icebergs
and the flashes of lightning glowed red on the icebergs
y fueron zarandeados por el mar embravecido
and they were tossed about by the heaving sea
todos los barcos, las velas, temblaban de miedo

all the ships the sails were trembling with fear
y la sirena se sentó tranquilamente en el iceberg flotante
and the mermaid sat calmly on the floating iceberg
Vio el rayo caer en el mar
she watched the lightning strike into the sea

Sus cinco hermanas mayores ya habían crecido
All of her five older sisters had grown up now
por lo tanto, podían salir a la superficie cuando quisieran
therefore they could go to the surface when they pleased
Al principio estaban encantados con el mundo de la superficie
at first they were delighted with the surface world
No se cansaban de las nuevas y hermosas vistas
they couldn't get enough of the new and beautiful sights
pero con el tiempo todos se volvieron indiferentes hacia ella
but eventually they all grew indifferent towards it
Y después de un mes ya no nos visitaban mucho
and after a month they didn't visit much at all anymore
Le dijeron a su hermana que era mucho más hermoso en casa
they told their sister it was much more beautiful at home

Sin embargo, a menudo, en horas de la noche, subían
Yet often, in the evening hours, they did go up
Las cinco hermanas entrelazaron sus brazos entre sí
the five sisters twined their arms about each other
y juntos, cogidos del brazo, subieron a la superficie
and together, arm in arm, they rose to the surface
A menudo subían cuando se acercaba una tormenta
often they went up when there was a storm approaching
Temían que la tormenta pudiera ganar un barco
they feared that the storm might win a ship
Así que nadaron hasta el barco y cantaron a los marineros
so they swam to the vessel and sung to the sailors
Sus voces eran más encantadoras que las de cualquier ser humano

Their voices were more charming than that of any human
y rogaron a los viajeros que no temiesen si se hundían
and they begged the voyagers not to fear if they sank
porque las profundidades del mar estaban llenas de delicias
because the depths of the sea was full of delights
Pero los marineros no podían entender sus canciones
But the sailors could not understand their songs
y pensaron que su canto era el suspiro de la tormenta
and they thought their singing was the sighing of the storm
por lo tanto, sus canciones nunca fueron hermosas para los marineros
therefore their songs were never beautiful to the sailors
porque si el barco se hundía, los hombres se ahogarían
because if the ship sank the men would drown
los muertos no ganaron nada del palacio del Rey del Mar
the dead gained nothing from the palace of the Sea King
pero su hermana menor quedó en el fondo del mar
but their youngest sister was left at the bottom of the sea
Al mirarlos, estaba a punto de llorar
looking up at them, she was ready to cry
Debes saber que las sirenas no tienen lágrimas que puedan llorar
you should know mermaids have no tears that they can cry
Así que su dolor y sufrimiento eran más agudos que los nuestros
so her pain and suffering was more acute than ours
-¡Oh, ojalá yo también tuviera quince años! -dijo ella-
"Oh, I wish I was also fifteen years old!" said she
"Sé que amaré al mundo allá arriba"
"I know that I shall love the world up there"
"Y amaré a todas las personas que viven en ese mundo"
"and I shall love all the people who live in that world"

pero, al fin, ella también llegó a los quince años
but, at last, she too reached her fifteenth year
"Bueno, ahora eres mayor", dijo su abuela

"Well, now you are grown up," said her grandmother
"Ven, y déjame adornarte como a tus hermanas"
"Come, and let me adorn you like your sisters"
Y colocó una corona de lirios blancos en su cabello
And she placed a wreath of white lilies in her hair
Cada pétalo de los lirios era media perla
every petal of the lilies was half a pearl
Entonces, la anciana ordenó que vinieran ocho grandes ostras
Then, the old lady ordered eight great oysters to come
Las ostras se adhirieron a la cola de la princesa
the oysters attached themselves to the tail of the princess
bajo el mar Las ostras se utilizan para mostrar su rango
under the sea oysters are used to show your rank
-Pero me hacen tanto daño -dijo la sirenita-
"But they hurt me so," said the little mermaid
"Sí, sé que las ostras duelen", respondió la anciana
"Yes, I know oysters hurt," replied the old lady
"Pero tú sabes muy bien que la soberbia debe sufrir dolor"
"but you know very well that pride must suffer pain"
¡Con cuánta alegría se habría sacudido toda esta grandeza
how gladly she would have shaken off all this grandeur
¡Le hubiera encantado dejar a un lado la pesada corona!
she would have loved to lay aside the heavy wreath!
Pensó en las flores rojas de su propio jardín
she thought of the red flowers in her own garden
Las flores rojas le habrían sentado mucho mejor
the red flowers would have suited her much better
Pero no podía transformarse en otra cosa
But she could not change herself into something else
Así que se despidió de su abuela y de sus hermanas
so she said farewell to her grandmother and sisters
Y, con la ligereza de una burbuja, salió a la superficie
and, as lightly as a bubble, she rose to the surface

El sol acababa de ponerse cuando levantó la cabeza por encima de las olas
The sun had just set when she raised her head above the waves
Las nubes estaban teñidas de carmesí y oro por la puesta del sol
The clouds were tinted with crimson and gold from the sunset
y a través del crepúsculo resplandeciente brillaba la estrella de la tarde
and through the glimmering twilight beamed the evening star
El mar estaba en calma y el aire marino era suave y fresco
The sea was calm, and the sea air was mild and fresh
Un gran barco con tres mástiles yacía en calma sobre el agua
A large ship with three masts lay becalmed on the water
Sólo se desplegó una vela, pues no se movía ni una brisa
only one sail was set, for not a breeze stirred
y los marineros se sentaban ociosos en cubierta, o en medio de los aparejos
and the sailors sat idle on deck, or amidst the rigging
Había música y canciones a bordo del barco
There was music and song on board of the ship
Al oscurecer, se encendieron cien farolillos de colores
as darkness came a hundred colored lanterns were lighted
Era como si las banderas de todas las naciones ondearan en el aire
it was as if the flags of all nations waved in the air

La sirenita nadó cerca de las ventanas de la cabaña
The little mermaid swam close to the cabin windows
De vez en cuando las olas del mar la levantaban
now and then the waves of the sea lifted her up
Podía mirar a través de los cristales de las ventanas
she could look in through the glass window-panes
Y pudo ver a varias personas vestidas de manera curiosa
and she could see a number of curiously dressed people
Entre la gente que pudo ver había un joven príncipe

Among the people she could see there was a young prince
El príncipe era el más hermoso de todos
the prince was the most beautiful of them all
Nunca había visto a nadie con ojos tan hermosos
she had never seen anyone with such beautiful eyes
Era la celebración de su decimosexto cumpleaños
it was the celebration of his sixteenth birthday
Los marineros bailaban en la cubierta del barco
The sailors were dancing on the deck of the ship
Todos aplaudieron cuando el príncipe salió de la cabaña
all cheered when the prince came out of the cabin
y más de un centenar de cohetes se elevaron en el aire
and more than a hundred rockets rose into the air
Durante algún tiempo, los fuegos artificiales hicieron que el cielo brillara como el día
for some time the fireworks made the sky as bright as day
Por supuesto, nuestra joven sirena nunca antes había visto fuegos artificiales
of course our young mermaid had never seen fireworks before
Sobresaltada por todo el ruido, volvió a sumergirse bajo el agua
startled by all the noise, she dived back under water
pero pronto volvió a estirar la cabeza
but soon she again stretched out her head
Era como si todas las estrellas del cielo cayeran a su alrededor
it was as if all the stars of heaven were falling around her
espléndidas luciérnagas volaron en el aire azul
splendid fireflies flew up into the blue air
y todo se reflejaba en el mar claro y tranquilo
and everything was reflected in the clear, calm sea
El barco mismo estaba brillantemente iluminado por toda la luz
The ship itself was brightly illuminated by all the light
Podía ver a toda la gente e incluso la cuerda más pequeña
she could see all the people and even the smallest rope

¡Qué guapo se veía el joven príncipe agradeciendo a sus invitados!
How handsome the young prince looked thanking his guests!
¡Y la música resonó en el aire claro de la noche!
and the music resounded through the clear night air!

Las celebraciones de cumpleaños duraron hasta altas horas de la noche
the birthday celebrations lasted late into the night
pero la sirenita no podía apartar los ojos del barco
but the little mermaid could not take her eyes from the ship
ni podía apartar los ojos del hermoso príncipe
nor could she take her eyes from the beautiful prince
Las linternas de colores se habían extinguido
The colored lanterns had now been extinguished
y no hubo más cohetes que se elevaron en el aire
and there were no more rockets that rose into the air
El cañón del barco también había dejado de disparar
the cannon of the ship had also ceased firing
Pero ahora era el mar el que se inquietaba
but now it was the sea that became restless
Un gemido y gruñido se podía escuchar bajo las olas
a moaning, grumbling sound could be heard beneath the waves
Y, sin embargo, la sirenita permanecía junto a la ventana de la cabaña
and yet, the little mermaid remained by the cabin window
Ella se balanceaba arriba y abajo en el agua
she was rocking up and down on the water
para que pudiera seguir mirando dentro de la nave
so that she could keep looking into the ship
Al cabo de un rato se izaron rápidamente las velas
After a while the sails were quickly set
Y el barco siguió su camino de regreso a puerto
and the ship went on her way back to port

Pero pronto las olas se elevaron más y más alto
But soon the waves rose higher and higher
Nubes oscuras y pesadas oscurecían el cielo nocturno
dark, heavy clouds darkened the night sky
y aparecieron destellos de relámpagos a lo lejos
and there appeared flashes of lightning in the distance
No muy lejos se acercaba una terrible tormenta
not far away a dreadful storm was approaching
Una vez más se arriaron las velas contra el viento
Once more the sails were lowered against the wind
y la gran nave siguió su curso sobre el mar embravecido
and the great ship pursued her course over the raging sea
Las olas se elevaban tan altas como las montañas
The waves rose as high as the mountains
Uno hubiera pensado que las olas habrían tenido el barco
one would have thought the waves would have had the ship
pero el barco se sumergió como un cisne entre las olas
but the ship dived like a swan between the waves
Luego se elevó de nuevo sobre sus elevadas y espumosas crestas
then she rose again on their lofty, foaming crests
Para la sirenita era un deporte agradable
To the little mermaid this was pleasant sport
pero no era un deporte agradable para los marineros
but it was not pleasant sport to the sailors
El barco emitía horribles gemidos y crujidos
the ship made awful groaning and creaking sounds
y las olas rompían sobre la cubierta una y otra vez
and the waves broke over the deck again and again
Los gruesos tablones cedieron bajo el azote del mar
the thick planks gave way under the lashing of the sea
Bajo la presión, el palo mayor se rompió, como una caña
under the pressure the mainmast snapped asunder, like a reed
y, cuando el barco se inclinó sobre su costado, el agua se precipitó
and, as the ship lay over on her side, the water rushed in

La sirenita se dio cuenta de que la tripulación estaba en peligro
The little mermaid realized that the crew were in danger
Su propia situación tampoco estaba exenta de peligros
her own situation wasn't without danger either
Tenía que evitar las vigas y tablones esparcidos por el agua
she had to avoid the beams and planks scattered in the water
Por un momento todo se convirtió en completa oscuridad
for a moment everything turned into complete darkness
y la sirenita no podía ver dónde estaba
and the little mermaid could not see where she was
Pero entonces un relámpago reveló toda la escena
but then a flash of lightning revealed the whole scene
Podía ver que todo el mundo seguía a bordo de la nave
she could see everyone was still on board of the ship
Bueno, todos estaban a bordo del barco, excepto el príncipe
well, everyone was on board of the ship, except the prince
El barco continuó su camino hacia tierra
the ship continued on its path to the land
y vio al príncipe hundirse en las profundas olas
and she saw the prince sink into the deep waves
Por un momento, esto la hizo más feliz de lo que debería haberlo hecho
for a moment this made her happier than it should have
Ahora que él estaba en el mar, ella podía estar con él
now that he was in the sea she could be with him
Entonces recordó los límites de los seres humanos
Then she remembered the limits of human beings
La gente de la tierra no puede vivir en el agua
the people of the land cannot live in the water
Si llegaba al palacio ya estaría muerto
if he got to the palace he would already be dead
"¡No, no debe morir!", decidió
"No, he must not die!" she decided
Olvida cualquier preocupación por su propia seguridad
she forget any concern for her own safety

y nadó a través de las vigas y tablones
and she swam through the beams and planks
Dos vigas podrían aplastarla fácilmente en pedazos
two beams could easily crush her to pieces
Se sumergió en las profundidades de las oscuras aguas
she dove deep under the dark waters
todo subía y bajaba con las olas
everything rose and fell with the waves
Finalmente, logró llegar al joven príncipe
finally, she managed to reach the young prince
Estaba perdiendo rápidamente el poder de nadar en el mar tormentoso
he was fast losing the power to swim in the stormy sea
Sus extremidades empezaban a fallarle
His limbs were starting to fail him
y sus hermosos ojos estaban cerrados
and his beautiful eyes were closed
Habría muerto si la sirenita no hubiera venido
he would have died had the little mermaid not come
Le sacó la cabeza del agua
She held his head above the water
y dejar que las olas los llevaran a donde quisieran
and let the waves carry them where they wanted

Por la mañana la tormenta había cesado
In the morning the storm had ceased
pero de la nave no se veía ni un solo fragmento
but of the ship not a single fragment could be seen
El sol salió, rojo y brillante, fuera del agua
The sun came up, red and shining, out of the water
Los rayos del sol tuvieron un efecto curativo en el príncipe
the sun's beams had a healing effect on the prince
El tono de la salud volvió a las mejillas del príncipe
the hue of health returned to the prince's cheeks
pero a pesar del sol, sus ojos permanecían cerrados
but despite the sun, his eyes remained closed

La sirena besó su frente alta y tersa
The mermaid kissed his high, smooth forehead
Y ella le acarició el pelo mojado
and she stroked back his wet hair
Le parecía la estatua de mármol de su jardín
He seemed to her like the marble statue in her garden
Así que lo besó de nuevo, y deseó que viviera
so she kissed him again, and wished that he lived

Al poco tiempo, llegaron a la vista de tierra
Presently, they came in sight of land
y vio altas montañas azules en el horizonte
and she saw lofty blue mountains on the horizon
En la cima de las montañas descansaba la nieve blanca
on top of the mountains the white snow rested
como si una bandada de cisnes se posara sobre ellos
as if a flock of swans were lying upon them
Hermosos bosques verdes estaban cerca de la orilla
Beautiful green forests were near the shore
y cerca de allí había un gran edificio
and close by there stood a large building
Podría haber sido una iglesia o un convento
it could have been a church or a convent
Pero todavía estaba demasiado lejos para estar segura
but she was still too far away to be sure
Naranjos y cedros crecían en el jardín
Orange and citron trees grew in the garden
y delante de la puerta se alzaban altas palmeras
and before the door stood lofty palms
El mar aquí formaba una pequeña bahía
The sea here formed a little bay
En la bahía el agua yacía tranquila y quieta
in the bay the water lay quiet and still
pero aunque el agua estaba quieta, era muy profunda
but although the water was still, it was very deep
Nadó con el apuesto príncipe hasta la playa

She swam with the handsome prince to the beach
La playa estaba cubierta de arena blanca y fina
the beach was covered with fine white sand
y allí lo acostó bajo el cálido sol
and there she laid him in the warm sunshine
Ella se encargó de levantar la cabeza más que su cuerpo
she took care to raise his head higher than his body
Entonces sonaron las campanas en el gran edificio blanco
Then bells sounded in the large white building
Unas muchachas entraron en el jardín
some young girls came into the garden
La sirenita nadó más lejos de la orilla
The little mermaid swam out farther from the shore
Se escondió entre unas altas rocas en el agua
she hid herself among some high rocks in the water
se cubrió la cabeza y el cuello con la espuma del mar
she Covered her head and neck with the foam of the sea
Y miraba para ver qué era del pobre príncipe
and she watched to see what would become of the poor prince

No pasó mucho tiempo antes de que viera acercarse a una niña
It was not long before she saw a young girl approach
Al principio, la joven parecía asustada
the young girl seemed frightened, at first
Pero su miedo solo duró un momento
but her fear only lasted for a moment
Luego trajo a varias personas
then she brought over a number of people
Y la sirena vio que el príncipe volvía a la vida
and the mermaid saw that the prince came to life again
Sonrió a los que estaban a su alrededor
he smiled upon those who stood around him
Pero a la sirenita el príncipe no le envió ninguna sonrisa
But to the little mermaid the prince sent no smile
Él no sabía que ella lo había salvado

he knew not that she had saved him
Esto hizo que la sirenita se sintiera muy triste
This made the little mermaid very sorrowful
Y luego fue conducido al gran edificio
and then he was led away into the great building
y la sirenita se zambulló en el agua
and the little mermaid dived down into the water
y regresó al castillo de su padre
and she returned to her father's castle

Siempre había sido la más silenciosa y pensativa
She had always been the most silent and thoughtful
Y ahora estaba más silenciosa y pensativa que nunca
and now she was more silent and thoughtful than ever
Sus hermanas le preguntaron qué había visto en su primera visita
Her sisters asked her what she had seen on her first visit
pero no podía decirles nada de lo que había visto
but she could tell them nothing of what she had seen
Muchas tardes y mañanas volvió a la superficie
Many an evening and morning she returned to the surface
Y se dirigió al lugar donde había dejado al príncipe
and she went to the place where she had left the prince
Vio madurar los frutos del jardín
She saw the fruits in the garden ripen
y miraba los frutos recogidos de sus árboles
and she watched the fruits gathered from their trees
Vio cómo se derretía la nieve de las cimas de las montañas
she watched the snow on the mountain tops melt away
Pero en ninguna de sus visitas volvió a ver al príncipe
but on none of her visits did she see the prince again
y, por lo tanto, siempre volvía más triste que antes
and therefore she always returned more sorrowful than before

Su único consuelo era sentarse en su pequeño jardín
her only comfort was sitting in her own little garden

Rodeó con sus brazos la hermosa estatua de mármol
she flung her arms around the beautiful marble statue
La estatua que se parecía al príncipe
the statue which looked just like the prince
Había dejado de cuidar sus flores
She had given up tending to her flowers
y su jardín creció en salvaje confusión
and her garden grew in wild confusion
Entrelazaban sus largas hojas y tallos alrededor de los árboles
they twinied their long leaves and stems round the trees
de modo que todo el jardín se volvió oscuro y sombrío
so that the whole garden became dark and gloomy

Con el tiempo no pudo soportarlo más
eventually she could bear it no longer
Y se lo contó todo a una de sus hermanas
and she told one of her sisters all about it
Pronto las otras hermanas escucharon el secreto
soon the other sisters heard the secret
y muy pronto su secreto llegó a ser conocido por varias doncellas
and very soon her secret became known to several maids
Una de las sirvientas tenía una amiga que conocía al príncipe
one of the maids had a friend who knew about the prince
También había visto el festival a bordo del barco
She had also seen the festival on board the ship
Y ella les dijo de dónde venía el príncipe
and she told them where the prince came from
Y ella les dijo dónde estaba su palacio
and she told them where his palace stood

-Ven, hermanita -dijeron las otras princesas-
"Come, little sister," said the other princesses
entrelazaron sus brazos y se levantaron juntos

they entwined their arms and rose up together
Se acercaron a donde estaba el palacio del príncipe
they went near to where the prince's palace stood
El palacio fue construido de piedra brillante de color amarillo brillante
the palace was built of bright-yellow, shining stone
y el palacio tenía largos tramos de escalones de mármol
and the palace had long flights of marble steps
Uno de los tramos de escaleras llegaba hasta el mar
one of the flights of steps reached down to the sea
Espléndidas cúpulas doradas se alzaban sobre el tejado
Splendid gilded cupolas rose over the roof
Todo el edificio estaba rodeado de pilares
the whole building was surrounded by pillars
y entre las columnas se alzaban estatuas de mármol realistas
and between the pillars stood lifelike statues of marble
Podían ver a través del cristal transparente de las ventanas
they could see through the clear crystal of the windows
y podían mirar dentro de las habitaciones nobles
and they could look into the noble rooms
Costosas cortinas de seda y tapices colgaban del techo
costly silk curtains and tapestries hung from the ceiling
y las paredes estaban cubiertas de hermosas pinturas
and the walls were covered with beautiful paintings
En el centro del salón más grande había una fuente
In the centre of the largest salon was a fountain
La fuente lanzaba sus chorros chispeantes a lo alto
the fountain threw its sparkling jets high up
El agua salpicaba la cúpula de cristal del techo
the water splashed onto the glass cupola of the ceiling
y el sol brillaba a través del agua
and the sun shone in through the water
y el agua salpicaba las plantas alrededor de la fuente
and the water splashed on the plants around the fountain

Ahora la sirenita sabía dónde vivía el príncipe
Now the little mermaid knew where the prince lived

Así que pasó muchas noches en esas aguas
so she spent many a night on those waters
Se volvió más valiente de lo que habían sido sus hermanas
she got more courageous than her sisters had been
y nadó mucho más cerca de la orilla de lo que ellos lo habían hecho
and she swam much nearer the shore than they had
Una vez subió por el estrecho canal, bajo el balcón de mármol
once she went up the narrow channel, under the marble balcony
El balcón proyectaba una amplia sombra sobre el agua
the balcony threw a broad shadow on the water
Allí se sentó y observó al joven príncipe
Here she sat and watched the young prince
Él, por supuesto, pensó que estaba solo a la brillante luz de la luna
he, of course, thought he was alone in the bright moonlight

A menudo lo veía por las noches, navegando en un hermoso bote
She often saw him evenings, sailing in a beautiful boat
La música sonaba desde el barco y las banderas ondeaban
music sounded from the boat and the flags waved
Se asomó entre los verdes juncos
She peeped out from among the green rushes
A veces el viento atrapaba su largo velo blanco plateado
at times the wind caught her long silvery-white veil
Los que lo vieron creyeron que era un cisne
those who saw it believed it to be a swan
Tenía toda la apariencia de un cisne extendiendo sus alas
it had all the appearance of a swan spreading its wings

Muchas noches, además, vio a los pescadores echar sus redes
Many a night, too, she watched the fishermen set their nets
echan sus redes a la luz de sus antorchas

they cast their nets in the light of their torches
Y les oyó contar muchas cosas buenas sobre el príncipe
and she heard them tell many good things about the prince
Esto la alegró de haberle salvado la vida
this made her glad that she had saved his life
cuando fue arrojado medio muerto sobre las olas
when he was tossed around half dead on the waves
Recordó cómo su cabeza había descansado sobre su pecho
She remembered how his head had rested on her bosom
Y recordó lo mucho que lo había besado
and she remembered how heartily she had kissed him
pero no sabía nada de todo lo que había sucedido
but he knew nothing of all that had happened
El joven príncipe ni siquiera podía soñar con la sirenita
the young prince could not even dream of the little mermaid

Llegó a gustarle cada vez más a los seres humanos
She grew to like human beings more and more
Deseaba cada vez más poder vagar por su mundo
she wished more and more to be able to wander their world
Su mundo parecía ser mucho más grande que el suyo
their world seemed to be so much larger than her own
Podían volar sobre el mar en barcos
They could fly over the sea in ships
y podían subir a las altas colinas muy por encima de las nubes
and they could mount the high hills far above the clouds
En sus tierras poseían bosques y campos
in their lands they possessed woods and fields
El verdor se extendía más allá del alcance de su vista
the greenery stretched beyond the reach of her sight
¡Había tantas cosas que deseaba saber!
There was so much that she wished to know!
Pero sus hermanas no pudieron responder a todas sus preguntas
but her sisters were unable to answer all her questions

Luego acudió a su anciana abuela en busca de respuestas
She then went to her old grandmother for answers
Su abuela sabía todo sobre el mundo superior
her grandmother knew all about the upper world
Con razón llamó a este mundo "las tierras sobre el mar"
she rightly called this world "the lands above the sea"

"Si los seres humanos no se ahogan, ¿pueden vivir para siempre?"
"If human beings are not drowned, can they live forever?"
—¿Acaso no mueren nunca, como nosotros en el mar?
"Do they never die, as we do here in the sea?"
"Sí, ellos también mueren", respondió la anciana
"Yes, they die too" replied the old lady
"Al igual que nosotros, ellos también deben morir", agregó su abuela
"like us, they must also die," added her grandmother
"Y sus vidas son aún más cortas que las nuestras"
"and their lives are even shorter than ours"
"A veces vivimos trescientos años"
"We sometimes live for three hundred years"
"Pero cuando dejamos de existir aquí nos convertimos en espuma"
"but when we cease to exist here we become foam"
"Y flotamos en la superficie del agua"
"and we float on the surface of the water"
"No tenemos tumbas para los que amamos"
"we do not have graves for those we love"
"Y no tenemos almas inmortales"
"and we have not immortal souls"
"Después de morir no volveremos a vivir"
"after we die we shall never live again"
"Como el alga verde, una vez cortada"
"like the green seaweed, once it has been cut off"
"Después de morir, nunca podremos florecer más"
"after we die, we can never flourish more"

"Los seres humanos, por el contrario, tienen alma"
"Human beings, on the contrary, have souls"
"Incluso después de muertos, sus almas viven para siempre"
"even after they're dead their souls live forever"
"Cuando morimos, nuestros cuerpos se convierten en espuma"
"when we die our bodies turn to foam"
"Cuando mueren, sus cuerpos se convierten en polvo"
"when they die their bodies turn to dust"
"Cuando morimos, nos elevamos a través del agua clara y azul"
"when we die we rise through the clear, blue water"
"Cuando mueren, se elevan a través del aire claro y puro"
"when they die they rise up through the clear, pure air"
"Cuando morimos, no flotamos más allá de la superficie"
"when we die we float no further than the surface"
"Pero cuando mueren van más allá de las estrellas brillantes"
"but when they die they go beyond the glittering stars"
"Salimos del agua a la superficie"
"we rise out of the water to the surface"
"Y contemplamos toda la tierra de la tierra"
"and we behold all the land of the earth"
"Se elevan a regiones desconocidas y gloriosas"
"they rise to unknown and glorious regions"
"regiones gloriosas y desconocidas que nunca veremos"
"glorious and unknown regions which we shall never see"
La Sirenita lloró su falta de alma
the little mermaid mourned her lack of a soul
"¿Por qué no tenemos almas inmortales?", preguntó la sirenita
"Why have not we immortal souls?" asked the little mermaid
"Con mucho gusto daría todos los cientos de años que tengo"
"I would gladly give all the hundreds of years that I have"
"Lo cambiaría todo por ser un ser humano por un día"
"I would trade it all to be a human being for one day"
"tener la esperanza de conocer tanta felicidad"

"to have the hope of knowing such happiness"
"La felicidad de ese mundo glorioso sobre las estrellas"
"the happiness of that glorious world above the stars"
-No pienses eso -dijo la anciana-
"You must not think that," said the old woman
"Creemos que somos mucho más felices que los humanos"
"We believe that we are much happier than the humans"
"Y creemos que estamos mucho mejor que los seres humanos"
"and we believe we are much better off than human beings"

-Así que moriré -dijo la sirenita-
"So I shall die," said the little mermaid
"siendo la espuma del mar, seré arrastrado"
"being the foam of the sea, I shall be washed about"
"Nunca más volveré a escuchar la música de las olas"
"never again will I hear the music of the waves"
"Nunca más volveré a ver las bonitas flores"
"never again will I see the pretty flowers"
"Ni volveré a ver el sol rojo"
"nor will I ever again see the red sun"
"¿Hay algo que pueda hacer para ganar un alma inmortal?"
"Is there anything I can do to win an immortal soul?"
—No —dijo la anciana—, a menos que...
"No," said the old woman, "unless..."
"Solo hay una manera de ganar un alma"
"there is just one way to gain a soul"
"Un hombre tiene que amarte más de lo que ama a su padre y a su madre"
"a man has to love you more than he loves his father and mother"
"Todos sus pensamientos y su amor deben estar fijos en ti"
"all his thoughts and love must be fixed upon you"
"Él tiene que prometerte ser fiel aquí y en el más allá"
"he has to promise to be true to you here and hereafter"
"El sacerdote tiene que poner su mano derecha en la tuya"

"the priest has to place his right hand in yours"
"Entonces el alma de tu hombre se deslizaría en tu cuerpo"
"then your man's soul would glide into your body"
"Obtendrías una parte de la felicidad futura de la humanidad"
"you would get a share in the future happiness of mankind"
"Te daría un alma y retendría la suya también"
"He would give to you a soul and retain his own as well"
"Pero es imposible que esto suceda"
"but it is impossible for this to ever happen"
"La cola de tu pez, entre nosotros, se considera hermosa"
"Your fish's tail, among us, is considered beautiful"
"Pero en la tierra la cola de tu pez se considera fea"
"but on earth your fish's tail is considered ugly"
"Los humanos no saben nada mejor"
"The humans do not know any better"
"Su estándar de belleza es tener dos accesorios robustos"
"their standard of beauty is having two stout props"
"A estos dos robustos puntales los llaman sus piernas"
"these two stout props they call their legs"
La sirenita suspiró ante lo que parecía ser su destino
The little mermaid sighed at what appeared to be her destiny
y miró con tristeza la cola de su pez
and she looked sorrowfully at her fish's tail
"Seamos felices con lo que tenemos", dijo la anciana
"Let us be happy with what we have," said the old lady
"Vamos a lanzarnos y saltar por los trescientos años"
"let us dart and spring about for the three hundred years"
"Y trescientos años es realmente suficiente"
"and three hundred years really is quite long enough"
"Después de eso podemos descansar mucho mejor"
"After that we can rest ourselves all the better"
"Esta noche vamos a tener un baile en la cancha"
"This evening we are going to have a court ball"

Era uno de esos espectáculos espléndidos que nunca podremos ver en la tierra

It was one of those splendid sights we can never see on earth
El baile de la cancha tuvo lugar en un gran salón de baile
the court ball took place in a large ballroom
Las paredes y el techo eran de cristal grueso y transparente
The walls and the ceiling were of thick transparent crystal
Muchos centenares de proyectiles colosales formaban filas a cada lado
Many hundreds of colossal shells stood in rows on each side
algunos eran de color rojo intenso, otros eran de color verde hierba
some were deep red, others were grass green
y cada una de las conchas tenía un fuego azul
and each of the shells had a blue fire in it
Estos iluminaron todo el salón y a los bailarines
These lighted up the whole salon and the dancers
y las conchas brillaban a través de las paredes
and the shells shone out through the walls
de modo que el mar también fue iluminado por su luz
so that the sea was also illuminated by their light
Innumerables peces, grandes y pequeños, pasaban nadando
Innumerable fishes, great and small, swam past
Algunas de sus escamas brillaban con un brillo púrpura
some of their scales glowed with a purple brilliance
y otros peces brillaban como plata y oro
and other fishes shone like silver and gold
A través de los pasillos fluía un ancho arroyo
Through the halls flowed a broad stream
y en el arroyo bailaban los tritones y las sirenas
and in the stream danced the mermen and the mermaids
Bailaron al son de su dulce canto
they danced to the music of their own sweet singing

Nadie en la tierra tiene voces tan hermosas como ellos
No one on earth has such lovely voices as they
pero la sirenita cantaba más dulcemente que todos
but the little mermaid sang more sweetly than all

Toda la corte la aplaudió con las manos y la cruz
The whole court applauded her with hands and tails
y por un momento su corazón se sintió muy feliz
and for a moment her heart felt quite happy
porque sabía que tenía la voz más dulce del mar
because she knew she had the sweetest voice in the sea
y sabía que tenía la voz más dulce de la tierra
and she knew she had the sweetest voice on land
Pero pronto volvió a pensar en el mundo que tenía encima
But soon she thought again of the world above her
No podía olvidar al príncipe azul
she could not forget the charming prince
Le recordaba que tenía un alma inmortal
it reminded her that he had an immortal soul
y no podía olvidar que no tenía alma inmortal
and she could not forget that she had no immortal soul
Se alejó silenciosamente del palacio de su padre
She crept away silently out of her father's palace
Todo en su interior estaba lleno de alegría y canto
everything within was full of gladness and song
pero ella estaba sentada en su pequeño jardín, triste y sola
but she sat in her own little garden, sorrowful and alone
Entonces oyó sonar la corneta a través del agua
Then she heard the bugle sounding through the water
y ella pensó: "Ciertamente está navegando por encima"
and she thought, "He is certainly sailing above"
"Él, el hermoso príncipe, en quien se centran mis deseos"
"he, the beautiful prince, in whom my wishes centre"
"Aquel en cuyas manos me gustaría poner mi felicidad"
"he, in whose hands I should like to place my happiness"
"Lo arriesgaré todo por él, y para ganar un alma inmortal"
"I will venture all for him, and to win an immortal soul"
"Mis hermanas están bailando en el palacio de mi padre"
"my sisters are dancing in my father's palace"
"pero iré a la bruja del mar"
"but I will go to the sea witch"

"la bruja del mar a la que siempre he tenido tanto miedo"
"the sea witch of whom I have always been so afraid"
"Pero la bruja del mar puede darme consejo y ayuda"
"but the sea witch can give me counsel, and help"

Entonces la sirenita salió de su jardín
Then the little mermaid went out from her garden
y tomó el camino de los remolinos espumosos
and she took the road to the foaming whirlpools
detrás de los remolinos espumosos vivía la hechicera
behind the foaming whirlpools the sorceress lived
La Sirenita nunca había ido por ese camino antes
the little mermaid had never gone that way before
Ni las flores ni la hierba crecían en el lugar al que iba
Neither flowers nor grass grew where she was going
No había nada más que suelo desnudo, gris y arenoso
there was nothing but bare, gray, sandy ground
Esta tierra estéril se extendía hasta el remolino
this barren land stretched out to the whirlpool
El agua era como ruedas de molino espumosas
the water was like foaming mill wheels
y los molinos se apoderaron de todo lo que estaba a su alcance
and the mills seized everything that came within reach
arrojan su presa a las profundidades insondables
they cast their prey into the fathomless deep
A través de estos remolinos aplastantes tuvo que pasar
Through these crushing whirlpools she had to pass
Solo entonces podría llegar a los dominios de la bruja del mar
only then could she reach the dominions of the sea witch
Después de esto vino un tramo de lodo cálido y burbujeante
after this came a stretch of warm, bubbling mire
La bruja del mar llamó a la ciénaga burbujeante su páramo de césped
the sea witch called the bubbling mire her turf moor

Más allá de su páramo de césped estaba la casa de la bruja
Beyond her turf moor was the witch's house
Su casa estaba en el centro de un bosque extraño
her house stood in the centre of a strange forest
En este bosque todos los árboles y flores eran pólipos
in this forest all the trees and flowers were polypi
pero no eran más que la mitad de la planta; la otra mitad era animal
but they were only half plant; the other half was animal
Parecían serpientes con cien cabezas
They looked like serpents with a hundred heads
y cada serpiente crecía de la tierra
and each serpent was growing out of the ground
Sus ramas eran brazos largos y viscosos
Their branches were long, slimy arms
y tenían dedos como gusanos flexibles
and they had fingers like flexible worms
cada una de sus extremidades, desde la raíz hasta la parte superior, se movía
each of their limbs, from the root to the top, moved
A todo lo que se podía alcanzar en el mar se apoderaron de él
All that could be reached in the sea they seized upon
y a lo que pescaban se aferraban fuertemente
and what they caught they held on tightly to
para que nunca se escapara de sus garras
so that it never escaped from their clutches

La sirenita se alarmó por lo que vio
The little mermaid was alarmed at what she saw
Se quedó quieta y su corazón latía de miedo
she stood still and her heart beat with fear
Estuvo muy cerca de dar marcha atrás
She came very close to turning back
pero pensó en el hermoso príncipe

but she thought of the beautiful prince
y el pensamiento del alma humana que anhelaba
and the thought of the human soul for which she longed
Con estos pensamientos volvió su coraje
with these thoughts her courage returned
Se sujetó el pelo largo y suelto alrededor de la cabeza
She fastened her long, flowing hair round her head
para que los pólipos no pudieran agarrar su cabello
so that the polypi could not grab hold of her hair
y cruzó las manos sobre su pecho
and she crossed her hands across her bosom
Y luego se lanzó hacia adelante como un pez a través del agua
and then she darted forward like a fish through the water
entre los flexibles brazos y los dedos de los feos pólipos
between the supple arms and fingers of the ugly polypi
Estaban tendidos a cada lado de ella
they were stretched out on each side of her
Vio que todos tenían algo en la mano
She saw that they all held something in their grasp
algo de lo que se habían apoderado con sus numerosos bracitos
something they had seized with their numerous little arms
Eran esqueletos blancos de seres humanos
they were were white skeletons of human beings
marineros que habían perecido en el mar en las tormentas
sailors who had perished at sea in storms
y se habían hundido en las aguas profundas
and they had sunk down into the deep waters
y había esqueletos de animales terrestres
and there were skeletons of land animals
y había remos, timones y cofres de naves
and there were oars, rudders, and chests of ships
Incluso había una sirenita a la que habían atrapado
There was even a little mermaid whom they had caught
La pobre sirena debe haber sido estrangulada por las manos

the poor mermaid must have been strangled by the hands
A ella esto le pareció el más chocante de todos
to her this seemed the most shocking of all

Finalmente, llegó a un espacio de terreno pantanoso en el bosque
finally, she came to a space of marshy ground in the woods
Aquí había grandes y gordas serpientes de agua revolcándose en el fango
here there were large fat water snakes rolling in the mire
Las serpientes mostraban sus feos cuerpos de color monótono
the snakes showed their ugly, drab-colored bodies
En medio de este lugar había una casa
In the midst of this spot stood a house
La casa fue construida con huesos de náufragos
the house was built of the bones of shipwrecked human beings
y en la casa estaba sentada la bruja del mar
and in the house sat the sea witch
Estaba permitiendo que un sapo comiera de su boca
she was allowing a toad to eat from her mouth
Al igual que cuando la gente alimenta a un canario con trozos de azúcar
just like when people feed a canary with pieces of sugar
Llamaba a las feas serpientes de agua sus pollitos
She called the ugly water snakes her little chickens
y permitió que se arrastraran por todo su pecho
and she allowed them to crawl all over her bosom

—**Sé lo que quieres —dijo la bruja del mar—**
"I know what you want," said the sea witch
"Es muy estúpido de tu parte querer tal cosa"
"It is very stupid of you to want such a thing"
"Pero te saldrás con la tuya, por estúpido que sea"
"but you shall have your way, however stupid it is"

"Aunque te hará sentir triste, mi linda princesa"
"though it will bring you to sorrow, my pretty princess"
"Quieres deshacerte de tu cola de sirena"
"You want to get rid of your mermaid's tail"
"Y quieres tener dos soportes en su lugar"
"and you want to have two supports instead"
"Esto te hará como los seres humanos de la tierra"
"this will make you like the human beings on earth"
"Y entonces el joven príncipe podría enamorarse de ti"
"and then the young prince might fall in love with you"
"Y entonces podrías tener un alma inmortal"
"and then you might have an immortal soul"
La bruja se rió fuerte y asquerosamente
the witch laughed loud and disgustingly
El sapo y las serpientes cayeron al suelo
the toad and the snakes fell to the ground
y se quedaron allí retorciéndose en el suelo
and they lay there wriggling on the floor
—Llegas justo a tiempo —dijo la bruja—
"You are but just in time," said the witch
"Después del amanecer de mañana habría sido demasiado tarde"
"after sunrise tomorrow it would have been too late"
"No podría ayudarte hasta el final de otro año"
"I would not be able to help you till the end of another year"
"Te prepararé una poción"
"I will prepare a potion for you"
"Nada hasta la tierra mañana, antes del amanecer
"swim up to the land tomorrow, before sunrise
"Siéntate allí y bebe la poción"
"seat yourself there and drink the potion"
"Después de beberlo, tu cola desaparecerá"
"after you drink it your tail will disappear"
"Y entonces tendrás lo que los hombres llaman piernas"
"and then you will have what men call legs"

"Todos dirán que eres la chica más guapa del mundo"
"all will say you are the prettiest girl in the world"
"Pero para esto tendrás que soportar un gran dolor"
"but for this you will have to endure great pain"
"Será como si una espada te atravesara"
"it will be as if a sword were passing through you"
"Seguirás teniendo la misma gracia de movimiento"
"You will still have the same gracefulness of movement"
"Será como si estuvieras flotando sobre el suelo"
"it will be as if you are floating over the ground"
"Y ningún bailarín pisará tan a la ligera como tú"
"and no dancer will ever tread as lightly as you"
"Pero cada paso que des te causará un gran dolor"
"but every step you take will cause you great pain"
"Será como si estuvieras pisando cuchillos afilados"
"it will be as if you were treading upon sharp knives"
"Si soportas todo este sufrimiento, yo te ayudaré"
"If you bear all this suffering, I will help you"
La sirenita pensó en el príncipe
the little mermaid thought of the prince
y pensó en la felicidad de un alma inmortal
and she thought of the happiness of an immortal soul
—Sí, lo haré —dijo la princesita—
"Yes, I will," said the little princess
Pero, como puedes imaginar, su voz temblaba de miedo
but, as you can imagine, her voice trembled with fear

—No te precipites en esto —dijo la bruja—
"do not rush into this," said the witch
"Una vez que tienes la forma de un ser humano, nunca puedes regresar"
"once you are shaped like a human, you can never return"
"Y nunca más volverás a tomar la forma de una sirena"
"and you will never again take the form of a mermaid"
"Nunca volverás a través del agua a tus hermanas"
"You will never return through the water to your sisters"

"Ni volverás nunca más al palacio de tu padre"
"nor will you ever go to your father's palace again"
"Tendrás que ganarte el amor del príncipe"
"you will have to win the love of the prince"
"Debe estar dispuesto a olvidar a su padre y a su madre por ti"
"he must be willing to forget his father and mother for you"
"Y debe amarte con toda su alma"
"and he must love you with all of his soul"
"El sacerdote debe unir sus manos"
"the priest must join your hands together"
"Y os ha de hacer marido y mujer en santo matrimonio"
"and he must make you man and wife in holy matrimony"
"Solo entonces tendrás un alma inmortal"
"only then will you have an immortal soul"
"Pero nunca debes permitir que se case con otra"
"but you must never allow him to marry another"
"A la mañana siguiente de que se case con otra, se te romperá el corazón"
"the morning after he marries another, your heart will break"
"Y te convertirás en espuma en la cresta de las olas"
"and you will become foam on the crest of the waves"
La sirenita se puso pálida como la muerte
the little mermaid became as pale as death
—Lo haré —dijo la sirenita—
"I will do it," said the little mermaid

—Pero también hay que pagarme a mí —dijo la bruja—
"But I must be paid, also," said the witch
"y no es una bagatela lo que pido"
"and it is not a trifle that I ask for"
"Tienes la voz más dulce de todos los que habitan aquí"
"You have the sweetest voice of any who dwell here"
"Crees que puedes encantar al príncipe con tu voz"
"you believe that you can charm the prince with your voice"
"Pero tu hermosa voz debes dármela"

"But your beautiful voice you must give to me"
"Lo mejor que posees es el precio de mi poción"
"The best thing you possess is the price of my potion"
"La poción debe mezclarse con mi propia sangre"
"the potion must be mixed with my own blood"
"Solo esto lo hace tan afilado como una espada de dos filos"
"only this makes it as sharp as a two-edged sword"

La Sirenita trató de objetar el costo
the little mermaid tried to object to the cost
"Pero si me quitas la voz..." dijo la sirenita
"But if you take away my voice..." said the little mermaid
"Si me quitas la voz, ¿qué me queda?"
"if you take away my voice, what is left for me?"
—Tu hermosa figura —sugirió la bruja del mar—
"Your beautiful form," suggested the sea witch
"Tu andar gracioso y tus ojos expresivos"
"your graceful walk, and your expressive eyes"
—¿Con esto puedes encadenar el corazón de un hombre?
"Surely, with these you can enchain a man's heart?"
"Bueno, ¿has perdido el coraje?", preguntó la bruja del mar
"Well, have you lost your courage?" the sea witch asked
"Saca tu lenguacita, para que me la corte"
"Put out your little tongue, so that I can cut it off"
"Entonces tendrás la poción poderosa"
"then you shall have the powerful potion"
-Así será -dijo la sirenita-
"It shall be," said the little mermaid

Entonces la bruja colocó su caldero en el fuego
Then the witch placed her caldron on the fire
—La limpieza es algo bueno —dijo la bruja del mar—
"Cleanliness is a good thing," said the sea witch
Recorrió las vasijas en busca de la serpiente adecuada
she scoured the vessels for the right snake
Todas las serpientes habían sido atadas en un gran nudo

all the snakes had been tied together in a large knot
Luego se pinchó en el pecho
Then she pricked herself in the breast
y dejó que la sangre negra cayera en el caldero
and she let the black blood drop into the caldron
El vapor que se elevaba se retorcía en formas horribles
The steam that rose twisted itself into horrible shapes
Ninguna persona podía mirar las formas sin miedo
no person could look at the shapes without fear
A cada momento, la bruja arrojaba nuevos ingredientes a la vasija
Every moment the witch threw new ingredients into the vessel
Finalmente, con todo dentro, el caldero comenzó a hervir
finally, with everything inside, the caldron began to boil
Se oyó el sonido como el llanto de un cocodrilo
there was the sound like the weeping of a crocodile
y por fin la poción mágica estaba lista
and at last the magic potion was ready
A pesar de sus ingredientes, parecía el agua más clara
despite its ingredients, it looked like the clearest water
—Ahí está, todo para ti —dijo la bruja—
"There it is, all for you," said the witch
y luego le cortó la lengua a la sirenita
and then she cut off the little mermaid's tongue
para que la sirenita no volviera a hablar, ni a cantar
so that the little mermaid could never again speak, nor sing
"Los pólipos podrían intentar agarrarte al salir"
"the polypi might try and grab you on the way out"
"Si lo intentan, échales unas gotas de la poción"
"if they try, throw over them a few drops of the potion"
"Y sus dedos serán despedazados en mil pedazos"
"and their fingers will be torn into a thousand pieces"
Pero la sirenita no tenía necesidad de hacer esto
But the little mermaid had no need to do this
Los pólipos retrocedieron aterrorizados cuando la vieron
the polypi sprang back in terror when they saw her

Vieron que había perdido la lengua por culpa de la bruja del mar
they saw she had lost her tongue to the sea witch
y vieron que llevaba la poción
and they saw she was carrying the potion
La poción brillaba en su mano como una estrella centelleante
the potion shone in her hand like a twinkling star

Así que pasó rápidamente por el bosque y el pantano
So she passed quickly through the wood and the marsh
y pasó entre los remolinos impetuosos
and she passed between the rushing whirlpools
Pronto regresó al palacio de su padre
soon she made it back to the palace of her father
Todas las antorchas del salón de baile se apagaron
all the torches in the ballroom were extinguished
Todos los que están dentro del palacio deben estar dormidos
all within the palace must now be asleep
Pero ella no entró a verlos
But she did not go inside to see them
Sabía que los iba a dejar para siempre
she knew she was going to leave them forever
Y sabía que se le rompería el corazón si los veía
and she knew her heart would break if she saw them
Salió al jardín por última vez
she went into the garden one last time
y tomó una flor de cada una de sus hermanas
and she took a flower from each one of her sisters
y luego se elevó a través de las aguas azul oscuro
and then she rose up through the dark-blue waters

La Sirenita llegó al Palacio del Príncipe
the little mermaid arrived at the prince's palace
El sol aún no había salido del mar
the the sun had not yet risen from the sea

y la luna brilló clara y brillante en la noche
and the moon shone clear and bright in the night
La sirenita se sentó en los hermosos escalones de mármol
the little mermaid sat at the beautiful marble steps
Y luego la sirenita bebió la poción mágica
and then the little mermaid drank the magic potion
Sintió que el corte de una espada de dos filos la atravesaba
she felt the cut of a two-edged sword cut through her
y ella se desmayó, y yacía como muerta
and she fell into a swoon, and lay like one dead
El sol salió del mar y brilló sobre la tierra
the sun rose from the sea and shone over the land
Se recuperó y sintió el dolor del corte
she recovered and felt the pain from the cut
Pero ante ella estaba el joven y apuesto príncipe
but before her stood the handsome young prince

Fijó sus ojos negros como el carbón en la sirenita
He fixed his coal-black eyes upon the little mermaid
Él lo miró con tanta seriedad que ella bajó los ojos
he looked so earnestly that she cast down her eyes
Y entonces se dio cuenta de que la cola de su pez había desaparecido
and then she became aware that her fish's tail was gone
Vio que tenía el par de piernas blancas más bonitas
she saw that she had the prettiest pair of white legs
y tenía los pies diminutos, como los tendría cualquier doncella
and she had tiny feet, as any little maiden would have
Pero, como venía del mar, no tenía ropa
But, having come from the sea, she had no clothes
Así que se envolvió en su larga y espesa cabellera
so she wrapped herself in her long, thick hair
El príncipe le preguntó quién era y de dónde venía
The prince asked her who she was and whence she came
Ella lo miró con dulzura y tristeza

She looked at him mildly and sorrowfully
pero ella tuvo que responder con sus profundos ojos azules
but she had to answer with her deep blue eyes
porque la sirenita ya no podía hablar
because the little mermaid could not speak anymore
La tomó de la mano y la condujo al palacio
He took her by the hand and led her to the palace

Cada paso que daba era como la bruja había dicho que sería
Every step she took was as the witch had said it would be
Se sentía como si pisara cuchillos afilados
she felt as if she were treading upon sharp knives
Sin embargo, soportó el dolor del hechizo de buena gana
She bore the pain of the spell willingly, however
Y se movió al lado del príncipe con la ligereza de una burbuja
and she moved at the prince's side as lightly as a bubble
Todos los que la veían se maravillaban de sus gráciles y oscilantes movimientos
all who saw her wondered at her graceful, swaying movements
Muy pronto se vistió con costosas túnicas de seda y muselina
She was very soon arrayed in costly robes of silk and muslin
y ella era la criatura más hermosa del palacio
and she was the most beautiful creature in the palace
pero parecía muda, y no podía hablar ni cantar
but she appeared dumb, and could neither speak nor sing

Había hermosas esclavas, vestidas de seda y oro
there were beautiful female slaves, dressed in silk and gold
Dieron un paso adelante y cantaron frente a la familia real
they stepped forward and sang in front of the royal family
Cada esclavo podía cantar mejor que el siguiente
each slave could sing better than the next one
Y el príncipe aplaudió y le sonrió
and the prince clapped his hands and smiled at her

Esto fue una gran tristeza para la sirenita
This was a great sorrow to the little mermaid
Sabía con cuánta más dulzura era capaz de cantar
she knew how much more sweetly she was able to sing
"¡Si tan solo supiera que he entregado mi voz para estar con él!"
"if only he knew I have given away my voice to be with him!"

Había música interpretada por una orquesta
there was music being played by an orchestra
y los esclavos realizaban algunas bonitas danzas de hadas
and the slaves performed some pretty, fairy-like dances
Entonces la sirenita alzó sus hermosos brazos blancos
Then the little mermaid raised her lovely white arms
Se paró sobre la punta de los dedos de los pies como una bailarina
she stood on the tips of her toes like a ballerina
y se deslizó por el suelo como un pájaro sobre el agua
and she glided over the floor like a bird over water
Y bailó como nadie había sido capaz de hacerlo
and she danced as no one yet had been able to dance
A cada momento su belleza se revelaba más
At each moment her beauty was more revealed
Lo más atractivo de todo, para el corazón, eran sus ojos expresivos
most appealing of all, to the heart, were her expressive eyes
Todos estaban encantados con ella, especialmente el príncipe
Everyone was enchanted by her, especially the prince
El príncipe la llamaba su pequeña expósita sorda
the prince called her his deaf little foundling
Y ella felizmente continuó bailando, para complacer al príncipe
and she happily continued to dance, to please the prince
pero debemos recordar el dolor que ella soportó por su placer

but we must remember the pain she endured for his pleasure
Cada paso que daba en el suelo se sentía como si pisara cuchillos afilados
every step on the floor felt as if she trod on sharp knives

El príncipe dijo que ella debía permanecer con él siempre
The prince said she should remain with him always
y se le dio permiso para dormir en la puerta de su casa
and she was given permission to sleep at his door
Trajeron un cojín de terciopelo para que se acostara
they brought a velvet cushion for her to lie on
Y el príncipe mandó hacer un vestido de paje para ella
and the prince had a page's dress made for her
De esta manera podría acompañarlo a caballo
this way she could accompany him on horseback
Cabalgaron juntos a través de los bosques perfumados
They rode together through the sweet-scented woods
En el bosque las ramas verdes les tocaban los hombros
in the woods the green branches touched their shoulders
y los pajarillos cantaban entre las hojas frescas
and the little birds sang among the fresh leaves
Subió con él a las cimas de las altas montañas
She climbed with him to the tops of high mountains
y aunque sus tiernos pies sangraban, solo sonreía
and although her tender feet bled, she only smiled
Ella lo siguió hasta que las nubes estuvieron debajo de ellos
she followed him till the clouds were beneath them
como una bandada de pájaros volando a tierras lejanas
like a flock of birds flying to distant lands

Cuando todos dormían, se sentaba en los anchos escalones de mármol
when all were asleep she sat on the broad marble steps
Alivió sus pies ardientes para bañarlos en el agua fría
it eased her burning feet to bathe them in the cold water
Fue entonces cuando pensó en todos los que estaban en el

mar
It was then that she thought of all those in the sea
Una vez, durante la noche, sus hermanas se acercaron, cogidas del brazo
Once, during the night, her sisters came up, arm in arm
cantaban tristemente mientras flotaban en el agua
they sang sorrowfully as they floated on the water
Les hizo señas y ellos la reconocieron
She beckoned to them, and they recognized her
Le contaron cómo habían llorado a su hermana menor
they told her how they had grieved their youngest sister
Después de eso, vinieron al mismo lugar todas las noches
after that, they came to the same place every night
Una vez vio a lo lejos a su anciana abuela
Once she saw in the distance her old grandmother
Hacía muchos años que no salía a la superficie del mar
she had not been to the surface of the sea for many years
y el viejo Rey del Mar, su padre, con su corona en la cabeza
and the old Sea King, her father, with his crown on his head
Él también se acercó a donde ella podía verlo
he too came to where she could see him
Extendieron sus manos hacia ella
They stretched out their hands towards her
pero no se aventuraron a acercarse tanto a la tierra como sus hermanas
but they did not venture as near the land as her sisters

A medida que pasaban los días, amaba más al príncipe
As the days passed she loved the prince more dearly
y la amaba como se ama a un niño pequeño
and he loved her as one would love a little child
Nunca se le ocurrió la idea de convertirla en su esposa
The thought never came to him to make her his wife
pero, a menos que se casara con ella, su deseo nunca se haría realidad
but, unless he married her, her wish would never come true

A menos que él se casara con ella, ella no podría recibir un alma inmortal
unless he married her she could not receive an immortal soul
y si se casaba con otra, sus sueños se harían añicos
and if he married another her dreams would shatter
A la mañana siguiente de su matrimonio, ella se disolvía
on the morning after his marriage she would dissolve
y la sirenita se convertiría en la espuma del mar
and the little mermaid would become the foam of the sea

El príncipe tomó a la sirenita en sus brazos
the prince took the little mermaid in his arms
y la besó en la frente
and he kissed her on her forehead
Con los ojos trató de preguntarle
with her eyes she tried to ask him
—¿No me amas más que a todos?
"Do you not love me the most of them all?"
—Sí, eres muy querido para mí —dijo el príncipe—
"Yes, you are dear to me," said the prince
"Porque tienes el mejor corazón"
"because you have the best heart"
"Y tú eres el más devoto de mí"
"and you are the most devoted to me"
"Eres como una doncella a la que una vez vi"
"You are like a young maiden whom I once saw"
"pero nunca volveré a ver a esta joven doncella"
"but I shall never meet this young maiden again"
"Estuve en un barco que naufragó"
"I was in a ship that was wrecked"
"Y las olas me arrojaron a tierra cerca de un templo sagrado"
"and the waves cast me ashore near a holy temple"
"En el templo varias doncellas realizaron el servicio"
"at the temple several young maidens performed the service"
"La doncella más joven me encontró en la orilla"
"The youngest maiden found me on the shore"

"Y la más joven de las doncellas me salvó la vida"
"and the youngest of the maidens saved my life"
"La vi solo dos veces", explicó
"I saw her but twice," he explained
"Y ella es la única en el mundo a quien podría amar"
"and she is the only one in the world whom I could love"
—Pero tú eres como ella —tranquilizó a la sirenita—
"But you are like her," he reassured the little mermaid
"Y casi has borrado su imagen de mi mente"
"and you have almost driven her image from my mind"
"Pertenece al templo sagrado"
"She belongs to the holy temple"
"La buena fortuna te ha enviado a ti en lugar de a ella a mí"
"good fortune has sent you instead of her to me"
"Nunca nos separaremos", consoló a la sirenita
"We will never part," he comforted the little mermaid

Pero la sirenita no pudo evitar suspirar
but the little mermaid could not help but sigh
"no sabe que fui yo quien le salvó la vida"
"he knows not that it was I who saved his life"
"Lo llevé al otro lado del mar hasta donde está el templo"
"I carried him over the sea to where the temple stands"
"Me senté bajo la espuma hasta que el humano vino a ayudarlo"
"I sat beneath the foam till the human came to help him"
"Vi a la linda doncella que ama"
"I saw the pretty maiden that he loves"
"La linda doncella a la que ama más que a mí"
"the pretty maiden that he loves more than me"
La sirena suspiró profundamente, pero no pudo llorar
The mermaid sighed deeply, but she could not weep
"Dice que la doncella pertenece al templo sagrado"
"He says the maiden belongs to the holy temple"
"Por lo tanto, nunca volverá al mundo"
"therefore she will never return to the world"

—No se volverán a encontrar —esperaba la sirenita—
"they will meet no more," the little mermaid hoped
"Estoy a su lado y lo veo todos los días"
"I am by his side and see him every day"
"Lo cuidaré y lo amaré"
"I will take care of him, and love him"
"Y daré mi vida por él"
"and I will give up my life for his sake"

Muy pronto se dijo que el príncipe se iba a casar
Very soon it was said that the prince was to marry
Allí estaba la hermosa hija de un rey vecino
there was the beautiful daughter of a neighbouring king
Se decía que ella sería su esposa
it was said that she would be his wife
Para la ocasión se estaba preparando un buen barco
for the occasion a fine ship was being fitted out
El príncipe dijo que sólo tenía la intención de visitar al rey
the prince said he intended only to visit the king
Pensaron que solo iba para encontrarse con la princesa
they thought he was only going so as to meet the princess
La sirenita sonrió y negó con la cabeza
The little mermaid smiled and shook her head
Conocía los pensamientos del príncipe mejor que los demás
She knew the prince's thoughts better than the others

—Tengo que viajar —le había dicho—
"I must travel," he had said to her
"Debo ver a esta hermosa princesa"
"I must see this beautiful princess"
"Mis padres quieren que vaya a verla
"My parents want me to go and see her
"Pero no me obligarán a traerla a casa como mi esposa"
"but they will not oblige me to bring her home as my bride"
"sabes que no puedo amarla"
"you know that I cannot love her"

"Porque no es como la hermosa doncella del templo"
"because she is not like the beautiful maiden in the temple"
"La hermosa doncella a la que te pareces"
"the beautiful maiden whom you resemble"
"Si tuviera que elegir una novia, te elegiría a ti"
"If I were forced to choose a bride, I would choose you"
"Mi expósito sordo, con esos ojos expresivos"
"my deaf foundling, with those expressive eyes"
Luego besó su boca sonrosada
Then he kissed her rosy mouth
y jugaba con su pelo largo y ondulado
and he played with her long, waving hair
y recostó su cabeza en el corazón de ella
and he laid his head on her heart
Soñaba con la felicidad humana y un alma inmortal
she dreamed of human happiness and an immortal soul

Estaban en la cubierta de la noble nave
they stood on the deck of the noble ship
"No le tienes miedo al mar, ¿verdad?", dijo
"You are not afraid of the sea, are you?" he said
El barco debía llevarlos al país vecino
the ship was to carry them to the neighbouring country
Luego le habló de tormentas y de calmas
Then he told her of storms and of calms
Le habló de extraños peces en las profundidades del agua
he told her of strange fishes deep beneath the water
Y él le contó lo que los buzos habían visto allí
and he told her of what the divers had seen there
Ella sonrió ante sus descripciones, un poco divertida
She smiled at his descriptions, slightly amused
Sabía mejor que nadie qué maravillas había en el fondo del mar
she knew better what wonders were at the bottom of the sea

La Sirenita se sentó en la cubierta a la luz de la luna
the little mermaid sat on the deck at moonlight

Todos a bordo dormían, excepto el hombre que iba al timón
all on board were asleep, except the man at the helm
y miró hacia abajo a través del agua clara
and she gazed down through the clear water
Pensó que podía distinguir el castillo de su padre
She thought she could distinguish her father's castle
y en el castillo pudo ver a su anciana abuela
and in the castle she could see her aged grandmother
Entonces sus hermanas salieron de las olas
Then her sisters came out of the waves
y miraron a su hermana con tristeza
and they gazed at their sister mournfully
Hizo señas a sus hermanas y sonrió
She beckoned to her sisters, and smiled
Quería decirles lo feliz y acomodada que estaba
she wanted to tell them how happy and well off she was
Pero el grumete se acercó y sus hermanas se zambulleron
But the cabin boy approached and her sisters dived down
Pensó que lo que veía era la espuma del mar
he thought what he saw was the foam of the sea

A la mañana siguiente, el barco entró en el puerto
The next morning the ship got into the harbour
Habían llegado a un hermoso pueblo costero
they had arrived in a beautiful coastal town
A su llegada fueron recibidos por las campanas de la iglesia
on their arrival they were greeted by church bells
y de las altas torres sonaba un floreo de trompetas
and from the high towers sounded a flourish of trumpets
Los soldados se alineaban en los caminos por los que pasaban
soldiers lined the roads through which they passed
Soldados, con grandes colores y bayonetas relucientes
Soldiers, with flying colors and glittering bayonets
Todos los días que estaban allí había una fiesta
Every day that they were there there was a festival

Se organizaron bailes y entretenimientos para el evento
balls and entertainments were organised for the event
Pero la princesa aún no había hecho su aparición
But the princess had not yet made her appearance
Había sido criada y educada en una casa religiosa
she had been brought up and educated in a religious house
Estaba aprendiendo todas las virtudes reales de una princesa
she was learning every royal virtue of a princess

Por fin, la princesa hizo su aparición real
At last, the princess made her royal appearance
La sirenita estaba ansiosa por verla
The little mermaid was anxious to see her
Tenía que saber si realmente era hermosa
she had to know whether she really was beautiful
Se vio obligada a admitir que realmente era hermosa
she was obliged to admit she really was beautiful
Nunca había visto una visión más perfecta de la belleza
she had never seen a more perfect vision of beauty
Su piel era delicadamente clara
Her skin was delicately fair
y sus risueños ojos azules brillaban con verdad y pureza
and her laughing blue eyes shone with truth and purity
—Fuiste tú —dijo el príncipe—
"It was you," said the prince
"Me salvaste la vida cuando yacía como muerto en la playa"
"you saved my life when I lay as if dead on the beach"
"Y sostuvo a su sonrojada novia en sus brazos"
"and he held his blushing bride in his arms"

-¡Oh, soy demasiado feliz! -dijo a la sirenita-
"Oh, I am too happy!" said he to the little mermaid
"Mis más entrañables esperanzas se han cumplido"
"my fondest hopes are now fulfilled"
"Te alegrarás de mi felicidad"
"You will rejoice at my happiness"

"Porque tu devoción por mí es grande y sincera"
"because your devotion to me is great and sincere"
La sirenita besó la mano del príncipe
The little mermaid kissed the prince's hand
y sintió como si su corazón ya estuviera roto
and she felt as if her heart were already broken
La mañana de su boda le traería la muerte
His wedding morning would bring death to her
Sabía que se convertiría en la espuma del mar
she knew she was to become the foam of the sea

El sonido de las campanas de la iglesia resonó por toda la ciudad
the sound of the church bells rang through the town
Los heraldos cabalgaron por la ciudad proclamando los esponsales
the heralds rode through the town proclaiming the betrothal
El aceite perfumado se quemaba en lámparas de plata en cada altar
Perfumed oil was burned in silver lamps on every altar
Los sacerdotes agitaron los incensarios sobre la pareja
The priests waved the censers over the couple
y la novia y el novio unieron sus manos
and the bride and the bridegroom joined their hands
y recibieron la bendición del obispo
and they received the blessing of the bishop
La sirenita estaba vestida de seda y oro
The little mermaid was dressed in silk and gold
Levantó el vestido de la novia, con gran dolor
she held up the bride's dress, in great pain
pero sus oídos no oyeron nada de la música festiva
but her ears heard nothing of the festive music
y sus ojos no vieron la santa ceremonia
and her eyes saw not the holy ceremony
Pensó en la noche de la muerte que le esperaba
She thought of the night of death coming to her

y lloró por todo lo que había perdido en el mundo
and she mourned for all she had lost in the world

Esa noche los novios abordaron el barco
that evening the bride and bridegroom boarded the ship
Los cañones del barco rugían para celebrar el acontecimiento
the ship's cannons were roaring to celebrate the event
y ondeaban todas las banderas del reino
and all the flags of the kingdom were waving
En el centro del barco se había levantado una tienda de campaña
in the centre of the ship a tent had been erected
En la tienda estaban los sofás para dormir de los recién casados
in the tent were the sleeping couches for the newlyweds
Los vientos eran favorables para navegar en el mar en calma
the winds were favourable for navigating the calm sea
y la nave se deslizaba tan suavemente como los pájaros del cielo
and the ship glided as smoothly as the birds of the sky

Cuando oscureció, se encendieron varias lámparas de colores
When it grew dark, a number of colored lamps were lighted
Los marineros y la familia real bailaron alegremente en la cubierta
the sailors and royal family danced merrily on the deck
La sirenita no pudo evitar pensar en su cumpleaños
The little mermaid could not help thinking of her birthday
el día que salió del mar por primera vez
the day that she rose out of the sea for the first time
Festividades gozosas similares se celebraban en ese día
similar joyful festivities were celebrated on that day
Pensó en el asombro y la esperanza que sintió ese día
she thought about the wonder and hope she felt that day
Con esos gratos recuerdos, ella también se unió al baile
with those pleasant memories, she too joined in the dance

Sobre sus pies doloridos, se balanceó en el aire
on her paining feet, she poised herself in the air
la forma en que una golondrina se equilibra cuando es perseguida por una presa
the way a swallow poises itself when in pursued of prey
Los marineros y los sirvientes la vitoreaban con asombro
the sailors and the servants cheered her wonderingly
Nunca antes había bailado con tanta gracia
She had never danced so gracefully before
Sus tiernos pies se sentían como si hubieran sido cortados con cuchillos afilados
Her tender feet felt as if cut with sharp knives
pero poco le importaba el dolor de sus pies
but she cared little for the pain of her feet
Había un dolor mucho más agudo que le atravesaba el corazón
there was a much sharper pain piercing her heart

Sabía que esa sería la última noche que lo vería
She knew this was the last evening she would ever see him
el príncipe por el que había abandonado a su parentela y a su hogar
the prince for whom she had forsaken her kindred and home
Había renunciado a su hermosa voz por él
She had given up her beautiful voice for him
y todos los días había sufrido un dolor inaudito por él
and every day she had suffered unheard-of pain for him
Ella sufría todo esto, mientras que él no sabía nada de su dolor
she suffered all this, while he knew nothing of her pain
Era la última noche que respiraría el mismo aire que él
it was the last evening she would breath the same air as him
Era la última noche que contemplaría el mismo cielo estrellado
it was the last evening she would gaze on the same starry sky
Era la última noche que contemplaría las profundidades del

mar

it was the last evening she would gaze into the deep sea
Era la última noche que contemplaría la noche eterna
it was the last evening she would gaze into the eternal night
Una noche eterna sin pensamientos ni sueños la esperaba
an eternal night without thoughts or dreams awaited her
Nació sin alma, y ahora nunca podría ganarla
She was born without a soul, and now she could never win one

Todo fue alegría y regocijo en el barco hasta mucho después de la medianoche
All was joy and gaiety on the ship until long after midnight
Ella sonrió y bailó con los demás en el barco real
She smiled and danced with the others on the royal ship
pero bailó mientras el pensamiento de la muerte estaba en su corazón
but she danced while the thought of death was in her heart
Tuvo que ver al príncipe bailar con la princesa
she had to watch the prince dance with the princess
Tuvo que ver cómo el príncipe besaba a su bella novia
she had to watch when the prince kissed his beautiful bride
Tenía que verla jugar con el pelo de cuervo del príncipe
she had to watch her play with the prince's raven hair
Y tuvo que verlos entrar en la tienda, cogidos del brazo
and she had to watch them enter the tent, arm in arm

Después de que se hubieron ido, todos quedaron quietos a bordo del barco
after they had gone all became still on board the ship
Sólo el piloto, que estaba al timón, seguía despierto
only the pilot, who stood at the helm, was still awake
La sirenita se apoyó en el borde de la vasija
The little mermaid leaned on the edge of the vessel
Miró hacia el este en busca del primer rubor de la mañana
she looked towards the east for the first blush of morning

el primer rayo de la aurora, que iba a ser su muerte
the first ray of the dawn, which was to be her death
A lo lejos vio a sus hermanas salir del mar
from far away she saw her sisters rising out of the sea
Estaban tan pálidos de miedo como ella
They were as pale with fear as she was
pero sus hermosos cabellos ya no ondeaban al viento
but their beautiful hair no longer waved in the wind
—Hemos dado nuestros cabellos a la bruja —dijeron—
"We have given our hair to the witch," said they
"Para que no tengas que morir esta noche"
"so that you do not have to die tonight"
"Para nuestro pelo hemos conseguido este cuchillo"
"for our hair we have obtained this knife"
"Antes de que salga el sol debes usar este cuchillo"
"Before the sun rises you must use this knife"
"Debes hundir el cuchillo en el corazón del príncipe"
"you must plunge the knife into the heart of the prince"
"La sangre caliente del príncipe debe caer sobre tus pies"
"the warm blood of the prince must fall upon your feet"
"Y entonces tus pies volverán a crecer juntos"
"and then your feet will grow together again"
"Donde tengas piernas volverás a tener cola de pez"
"where you have legs you will have a fish's tail again"
"Y donde eras humana, volverás a ser una sirena"
"and where you were human you will once more be a mermaid"
"Entonces podrás volver a vivir con nosotros, bajo el mar"
"then you can return to live with us, under the sea"
"Y se te darán tus trescientos años de sirena"
"and you will be given your three hundred years of a mermaid"
"Y solo entonces te convertirás en la espuma salada del mar"
"and only then will you be changed into the salty sea foam"
—Apresúrate, pues; O él o tú debes morir antes de la salida del sol"

"Haste, then; either he or you must die before sunrise"
"Nuestra anciana abuela llora por ti día y noche"
"our old grandmother mourns for you day and night"
"Se le está cayendo el pelo blanco"
"her white hair is falling out"
"Así como nuestro cabello cayó bajo las tijeras de la bruja"
"just as our hair fell under the witch's scissors"
"Mata al príncipe y vuelve", le suplicaron
"Kill the prince, and come back," they begged her
—¿No ves las primeras rayas rojas en el cielo?
"Do you not see the first red streaks in the sky?"
"En pocos minutos saldrá el sol y morirás"
"In a few minutes the sun will rise, and you will die"
Habiendo hecho todo lo posible, sus hermanas suspiraron profundamente
having done their best, her sisters sighed deeply
Tristemente, sus hermanas se hundieron bajo las olas
mournfully her sisters sank back beneath the waves
Y la sirenita se quedó con el cuchillo en las manos
and the little mermaid was left with the knife in her hands

Corrió la cortina carmesí de la tienda
she drew back the crimson curtain of the tent
y en la tienda vio a la hermosa novia
and in the tent she saw the beautiful bride
Su rostro descansaba sobre el pecho del príncipe
her face was resting on the prince's breast
Y entonces la sirenita miró al cielo
and then the little mermaid looked at the sky
En el horizonte el rosado amanecer se hacía cada vez más brillante
on the horizon the rosy dawn grew brighter and brighter
Miró el cuchillo afilado que tenía en las manos
She glanced at the sharp knife in her hands
Y de nuevo fijó los ojos en el príncipe
and again she fixed her eyes on the prince

Ella se inclinó y besó su noble frente
She bent down and kissed his noble brow
susurraba el nombre de su novia en sueños
he whispered the name of his bride in his dreams
Soñaba con la princesa con la que se había casado
he was dreaming of the princess he had married
El cuchillo temblaba en la mano de la sirenita
the knife trembled in the hand of the little mermaid
pero arrojó el cuchillo lejos en las olas
but she flung the knife far into the waves

Donde cayó el cuchillo, el agua se volvió roja
where the knife fell the water turned red
Las gotas que brotaban parecían sangre
the drops that spurted up looked like blood
Lanzó una última mirada al príncipe que amaba
She cast one last look upon the prince she loved
El sol atravesó el cielo con sus flechas doradas
the sun pierced the sky with its golden arrows
y se arrojó de la barca al mar
and she threw herself from the ship into the sea
La sirenita sintió que su cuerpo se disolvía en espuma
the little mermaid felt her body dissolving into foam
y todo lo que subía a la superficie eran burbujas de aire
and all that rose to the surface were bubbles of air
Los cálidos rayos del sol caían sobre la fría espuma
the sun's warm rays fell upon the cold foam
pero no se sentía como si se estuviera muriendo
but she did not feel as if she were dying
De una manera extraña sintió el calor del sol brillante
in a strange way she felt the warmth of the bright sun
Vio cientos de hermosas criaturas transparentes
she saw hundreds of beautiful transparent creatures
Las criaturas flotaban a su alrededor
the creatures were floating all around her
A través de ellos podía ver las blancas velas de los barcos

through them she could see the white sails of the ships
y a través de ellos vio las nubes rojas en el cielo
and through them she saw the red clouds in the sky
Su discurso era melodioso e infantil
Their speech was melodious and childlike
pero no podía ser oído por los oídos mortales
but it could not be heard by mortal ears
ni sus cuerpos podían ser vistos por ojos mortales
nor could their bodies be seen by mortal eyes
La sirenita se dio cuenta de que era como ellos
The little mermaid perceived that she was like them
Y sintió que se elevaba más y más alto
and she felt that she was rising higher and higher
—¿Dónde estoy? —preguntó, y su voz sonó etérea
"Where am I?" asked she, and her voice sounded ethereal
No hay música terrenal que pueda imitarla
there is no earthly music that could imitate her
"Entre las hijas del aire", respondió una de ellas
"Among the daughters of the air," answered one of them
"Una sirena no tiene alma inmortal"
"A mermaid has not an immortal soul"
"Ni las sirenas pueden obtener almas inmortales"
"nor can mermaids obtain immortal souls"
"A menos que se gane el amor de un ser humano"
"unless she wins the love of a human being"
"De la voluntad de otro pende su destino eterno"
"on the will of another hangs her eternal destiny"
"Como tú, nosotros tampoco tenemos almas inmortales"
"like you, we do not have immortal souls either"
"Pero podemos obtener un alma inmortal por nuestras obras"
"but we can obtain an immortal soul by our deeds"
"Volamos a países cálidos y refrescamos el aire bochornoso"
"We fly to warm countries and cool the sultry air"
"El calor que destruye a la humanidad con la peste"
"the heat that destroys mankind with pestilence"
"Llevamos el perfume de las flores"

"We carry the perfume of the flowers"
"Y difundimos la salud y la restauración"
"and we spread health and restoration"

"Durante trescientos años viajamos por el mundo así"
"for three hundred years we travel the world like this"
"En ese tiempo nos esforzamos por hacer todo el bien que esté a nuestro alcance"
"in that time we strive to do all the good in our power"
"Cuando lo conseguimos, recibimos un alma inmortal"
"when we succeed we receive an immortal soul"
"Y entonces también nosotros participamos de la felicidad de la humanidad"
"and then we too take part in the happiness of mankind"
"Tú, pobre sirenita, has hecho lo mejor que has podido"
"You, poor little mermaid, have done your best"
"Has tratado con todo tu corazón de hacer lo que estamos haciendo"
"you have tried with your whole heart to do as we are doing"
"Has sufrido y soportado un dolor enorme"
"You have suffered and endured an enormous pain"
"Por tus buenas obras te elevaste al mundo de los espíritus"
"by your good deeds you raised yourself to the spirit world"
"Y ahora vivirás junto a nosotros durante trescientos años"
"and now you will live alongside us for three hundred years"
"Esforzándote como nosotros, puedes obtener un alma inmortal"
"by striving like us, you may obtain an immortal soul"
La sirenita alzó sus ojos glorificados hacia el sol
The little mermaid lifted her glorified eyes toward the sun
Por primera vez, sintió que sus ojos se llenaban de lágrimas
for the first time, she felt her eyes filling with tears

En el barco que había dejado había vida y ruido
On the ship she had left there was life and noise
Vio al príncipe y a su hermosa novia buscándola

she saw the prince and his beautiful bride searched for her
Con tristeza, contemplaron la espuma nacarada
Sorrowfully, they gazed at the pearly foam
Era como si supieran que se había arrojado a las olas
it was as if they knew she had thrown herself into the waves
Sin ser vista, besó la frente de la novia
Unseen, she kissed the forehead of the bride
Y luego se levantó con los otros hijos del aire
and then she rose with the other children of the air
Juntos se dirigieron a una nube rosada que flotaba por encima
together they went to a rosy cloud that floated above

"Después de trescientos años", comenzó a explicar uno de ellos
"After three hundred years," one of them started explaining
"Entonces flotaremos hacia el reino de los cielos", dijo ella
"then we shall float into the kingdom of heaven," said she
—Y puede que lleguemos antes —susurró un compañero—
"And we may even get there sooner," whispered a companion
"Invisibles podemos entrar en las casas donde hay niños"
"Unseen we can enter the houses where there are children"
"En algunas de las casas encontramos niños buenos"
"in some of the houses we find good children"
"Estos niños son la alegría de sus padres"
"these children are the joy of their parents"
"Y estos niños merecen el amor de sus padres"
"and these children deserve the love of their parents"
"Tales niños acortan el tiempo de nuestro tiempo de probación"
"such children shorten the time of our probation"
"El niño no sabe cuándo volamos por la habitación"
"The child does not know when we fly through the room"
"Y no saben que sonreímos de alegría por su buena conducta"
"and they don't know that we smile with joy at their good

conduct"
"Porque entonces nuestro juicio llega un día antes"
"because then our judgement comes one day sooner"
"Pero también vemos niños traviesos y malvados"
"But we see naughty and wicked children too"
"Cuando vemos a esos niños derramamos lágrimas de dolor"
"when we see such children we shed tears of sorrow"
"Y por cada lágrima que derramamos se añade un día a nuestro tiempo"
"and for every tear we shed a day is added to our time"

Fin
The End

www.tranzlaty.com

www.ingramcontent.com/pod-product-compliance
Lightning Source LLC
Chambersburg PA
CBHW011953090526
44591CB00020B/2756